Barbie ^{MD}

Un projet scolaire hors pair

Version française © 1999 Mattel, Inc. Barbie et les marques de commerce afférentes appartiennent à Mattel, Inc. et sont utilisées avec l'autorisation de Mattel, Inc. Tous droits réservés. Publié au Canada par Grolier Limitée. Texte anglais original de Rita Balducci. Traduit par Les Entreprises Grolier. Photographes: Scott Fujikawa, Mary Reveles, Glen Bradley, Peer Johnson et Judy Tsuno. Une production de Bumpy Slide Books. Imprimé aux États-Unis

ISBN 0-7172-3223-9

GROLIER

Chapitre 1

C'est le premier jour de l'année scolaire.
Barbie gare sa voiture. Elle a hâte de commencer
son nouveau travail comme enseignante de
cinquième année. Mais elle se sent un peu
nerveuse.

Elle se rend d'abord dans le bureau de la
directrice.

«Bonjour Madame Gauthier», dit Barbie.

«Bonjour Barbie», répond la directrice. «Êtes-
vous prête à rencontrer vos nouveaux élèves?»

«Je pense que oui», réplique Barbie. «J'espère
seulement qu'ils m'aimeront autant que j'ai aimé

mon enseignante de cinquième année. Je n'oublierai jamais comment elle m'a appris à aimer les sciences!»

«Ne vous en faites pas, dit la directrice à Barbie. «Je suis sûre qu'ils vous aimeront.»

«Je l'espère bien!» rétorque Barbie.

«Si vous avez des problèmes, n'hésitez pas à venir me voir», dit Mme Gauthier.

Barbie sourit. «J'espère que ce ne sera pas nécessaire. Quand j'étais élève ici, je faisais tout mon possible pour *ne pas* me retrouver dans le bureau de la directrice!»

Mme Gauthier éclate de rire. Puis Barbie prend une grande respiration et marche le long du couloir. Elle rentre dans sa classe et en fait le tour d'un regard. Dans quelques minutes, elle accueillera ses nouveaux élèves. Barbie a passé la semaine précédente à décorer sa classe avec des affiches et des mobiles. Elle trouve qu'elle a belle allure. Des plantes égaient les appuis de fenêtre.

Les étagères sont remplies de livres. Dans un coin, il y a un énorme aquarium.

La cloche sonne et la première journée commence. Barbie se place devant son bureau pour attendre les élèves. Au fur et à mesure qu'ils entrent dans la pièce, Barbie leur fait un grand sourire. Une fois que les enfants ont pris place et se sont calmés, elle se présente.

«Je serai votre enseignante cette année», commence Barbie. «Je me réjouis à l'idée de faire connaissance avec chacun de vous. J'espère que nous apprendrons des tas de choses ensemble et que nous aurons aussi beaucoup de plaisir!»

Après avoir fait l'appel, Barbie se met à distribuer des livres.

«J'ai pensé que nous pourrions commencer le journée par une leçon de sciences», annonce-t-elle.

Un garçon assis au fond de la classe se met à bâiller. Barbie le regarde en souriant et continue à parler.

«Les sciences sont ma matière préférée», poursuit-elle.

Une fille aux cheveux châtains assise au premier rang murmure à son amie: «Beurk! Je trouve les sciences si ennuyeuses!»

«Moi aussi», répond son amie.

Barbie les entend. «Je sais que certains d'entre vous pensent que les sciences sont ennuyeuses. Pourtant, les sciences font partie de notre vie de tous les jours», explique Barbie.

«Comment cela?» demande une élève.

«Eh bien, qu'est-ce que vous aimez tous?» dit Barbie.

«Manger et dormir!» crie le garçon qui venait de bâiller. Les élèves éclatent de rire.

«Voici de très bons exemples», répond Barbie. «Le sommeil permet à notre corps de se réparer, et la nourriture nous donne de l'énergie. De plus, de nombreux scientifiques étudient le sens des rêves, et les rêves sont une partie importante du sommeil! Qu'est-ce que tu aimes d'autre?»

Le garçon a l'air surpris. «Je pense que j'aime bien la musique», dit-il.

«C'est un autre exemple épatant», dit Barbie. «Cette année, nous allons étudier les sons et apprendre comment fonctionne l'oreille. Nous découvrirons aussi comment divers insectes composent leur propre musique.»

Le garçon sourit à Barbie.

Bientôt, tous les élèves de la classe lèvent la main pour parler. Le garçon du fond s'appelle Marc. Barbie apprend qu'il adore faire de la planche à roulettes. Emma aime collectionner les papillons et d'autres insectes. Il y a aussi des jumelles dans la classe. Elles s'appellent Sara et Kara et aiment bien skier et faire des randonnées pédestres. Un autre élève appelé Daniel adore pêcher. Enfin, Annie aime beaucoup les fleurs et les plantes.

«Cela semble incroyable, mais les sciences peuvent vous aider à faire toutes ces choses», dit Barbie à ses élèves. Alors maintenant, vous voyez pourquoi les sciences sont amusantes?»

Barbie est contente de voir que tout le monde semble aimer son cours. Pendant l'heure qui suit, ses élèves et elle racontent ce qu'ils ont appris en sciences en quatrième année. Ils parlent aussi de ce qu'ils vont étudier pendant l'année.

C'est bientôt le moment de passer à d'autres matières. À la fin de la journée, Barbie se sent fatiguée, mais heureuse. «J'ai l'impression que cette classe me donnera beaucoup de travail, mais aussi beaucoup de plaisir», pense-t-elle.

Chapitre 2

Quelques semaines plus tard, Barbie
s'adresse à toute la classe. «Il va y avoir une foire
scientifique pour toutes les écoles élémentaires
de la région», commence-t-elle. «Trois trophées
seront attribués à chaque année d'études. J'ai
pensé que cela pourrait vous amuser d'essayer
de faire vos propres expériences scientifiques
pour le concours.»

«Qu'est-ce que nous devrions faire?»
demande Michel.

«D'abord, il y aurait quelques leçons sur la
manière de préparer une expérience scientifique»,

explique Barbie. «Ensuite, vous pourriez travailler seul ou en équipe sur un projet qui vous intéresse. J'ai des livres qui contiennent des tas d'idées de projets scientifiques.»

«Que se passerait-il ensuite?» demande Michel.

«Chaque équipe ou personne présenterait son projet à la classe. Puis la classe voterait pour décider quel projet irait à la foire. On aurait l'impression d'avoir nous aussi notre mini-foire scientifique!» réplique Barbie.

«Quand pouvons-nous commencer?» demande une fille assise au premier rang.

«Ça va être amusant!» ajoute un autre élève.

Barbie sourit. «Pourquoi pas aujourd'hui?» suggère-t-elle.

Les élèves ne demandent pas mieux que de commencer tout de suite.

Tout en parlant, Barbie distribue des feuilles de renseignements sur le concours. «Nous avons six semaines pour travailler sur les projets», explique-t-elle. «Je suis ici pour vous aider, n'hésitez pas à me poser des questions!»

Barbie n'a aucun souci à se faire. Aucun de ses élèves n'est timide. Des tas de mains se lèvent en même temps.

«Est-ce que je peux amener mon hamster?» demande Kara.

«Où est-ce que je peux acheter des hippocampes de mer?» interroge Daniel.

«Est-ce que le rapport doit être dactylographié?» demande Marc.

Barbie répond patiemment à toutes les questions des élèves. Puis elle passe les cours de sciences suivants à leur apprendre comment préparer des expériences. À la fin de la semaine, chaque élève sait sur quel projet il va travailler. La plupart des élèves décident de travailler en équipe. D'autres préférèrent travailler seuls. Marc veut que son projet reste secret et soit une surprise.

Le lundi suivant, alors que Barbie commence le cours, quelqu'un frappe à la porte.

C'est la directrice, Mme Gauthier. Elle est accompagnée d'une nouvelle élève, qui a de longs cheveux roux et des lunettes.

«J'aimerais vous présenter Maude», dit la directrice. «C'est son premier jour dans notre école. Je suis sûre que vous ferez tout pour qu'elle se sente la bienvenue.»

«Bonjour Maude», dit Barbie. «Bienvenue dans notre classe!»

Après le départ de la directrice, Maude sourit timidement à Barbie.

«En ce moment, nous travaillons sur nos projets pour la foire scientifique. Le premier jour d'école, nous avons parlé du rôle des sciences dans notre vie de tous les jours», lui explique Barbie. «Et toi, qu'est-ce que tu aimes?»

Maude n'a pas l'habitude de toute cette attention. Elle s'éclaircit la voix et dit tout doucement: «Hum, j'aime bien les animaux.»

«Super!» répond Barbie. «Cette année, nous allons étudier toutes sortes d'animaux. Nous en aurons peut-être même quelques-uns dans la classe.»

Maude regarde ses pieds. La nouvelle élève est timide.

«Pourquoi n'irais-tu pas t'asseoir là, au deuxième rang?» lui indique Barbie.

Maude fait oui de la tête et s'assoit.

«Bien», dit Barbie en s'asseyant à son bureau. «J'aimerais que chacun d'entre vous parle un peu de son projet à Maude. Elle pourra ensuite décider ce qu'elle veut faire.»

Au moment où les élèves finissent d'expliquer leurs projets, la cloche sonne. C'est l'heure de la récréation. Les enfants prennent leur collation et se dirigent vite vers la porte. Barbie remarque que Maude est toujours assise.

«Le terrain de jeu est épatant ici», dit Barbie à Maude. «Tu n'aimerais pas y jeter un coup d'œil?»

«Je pense que oui, dit Maude, mais je n'ai pas d'amis ici.»

«Pourquoi n'irais-tu pas vers quelqu'un en lui disant bonjour?» lui suggère Barbie.

Maude semble nerveuse.

«Allez, viens! Je vais te faire visiter l'école», déclare Barbie. «Ensuite, nous irons rejoindre les autres à l'extérieur.»

Maude est ravie que quelqu'un lui fasse faire le tour de l'école. Barbie apprend que l'ancienne école de Maude était plus petite. Elle sait que c'est difficile de changer d'école et comprend que Maude s'ennuie de ses anciens amis.

Une fois le tour de l'école terminé, Maude regarde Barbie et lui dit: «Merci.» Puis, à la surprise de Barbie, elle lui fait un grand sourire.

Barbie lui rend son sourire et dit : «Ça fait un peu peur parfois d'être dans une nouvelle école, n'est-ce-pas?»

Maude fait «oui» de la tête.

«Tu sais, dit Barbie, c'est la première fois que j'enseigne.»

«Vraiment?» lance Maude, étonnée.

«Oui, répond Barbie, mais j'ai toujours trouvé qu'une fois que l'on commence à partager des choses que l'on aime avec d'autres, on se fait plus facilement des amis.»

Elles arrivent dans la cour de récréation et Barbie aperçoit des élèves qui jouent au kickball.

«Emma! Sara! Annie!» appelle Barbie. Les trois filles s'approchent de Barbie et de Maude.

«Est-ce qu'une personne de plus pourrait se joindre à vous?» leur demande Barbie.

«Bien sûr», dit Annie. Elle regarde Maude et lui sourit.

«Amusez-vous bien», leur dit Barbie. «Je vous verrai dans un petit moment.»

«Au revoir», répond Maude, en lui faisant un signe de la main.

Plus tard, Barbie pense à Maude et au fait que c'est dur de s'intégrer. «Il se peut qu'elle soit nerveuse à l'idée de se joindre à l'une des équipes», se dit-elle. «Elle préférera peut-être travailler seule sur un projet.»

Le lendemain, à la fin de la journée, Barbie appelle Maude à son bureau. «As-tu décidé quel projet tu aimerais faire?» lui demande Barbie.

«J'aimerais bien faire quelque chose avec Fred, ma grenouille», dit Maude tout doucement.

«C'est une excellente idée», dit Barbie.

«Je pourrais peut-être amener Fred et quelques têtards. Je pourrais ensuite montrer comment les têtards se transforment en grenouilles», explique calmement Maude.

«Génial, dit Barbie. «Ce serait sûrement très intéressant.»

«Je ne sais pas», ajoute Maude. «Ce n'est peut-être pas assez bien. Je serais peut-être mieux de faire autre chose.»

Barbie secoue la tête. «Je pense que l'idée des grenouilles est très bonne», déclare-t-elle. «Et je suis convaincue que le reste de la classe l'aimera aussi.»

«Vous croyez vraiment?» s'enquiert Maude.

«Mais bien sûr», déclare Barbie.

Maude réfléchit un instant. «D'accord, réplique-t-elle. Je pourrais essayer.»

«Bien», dit Barbie. «Tu peux consulter les livres de la classe pour trouver des informations sur les têtards et les grenouilles. En plus, le mois prochain, nous allons étudier les animaux.»

«Super!» s'exclame Maude. Elle fait un grand sourire à Barbie et sort de la classe.

Chapitre 3

Les élèves de Barbie travaillent fort sur leurs projets pendant les semaines qui suivent. Ils ont toujours hâte aux dernières vingt minutes de la journée. C'est à ce moment-là qu'ils peuvent discuter de leurs idées et poser des questions à Barbie. Maude semble sourire de plus en plus.

«Elle a simplement besoin de prendre confiance en elle», se dit Barbie. «J'espère que ce projet de sciences saura l'aider.»

Enfin, la semaine où tout le monde doit montrer son projet à la classe arrive. Les élèves sont surexcités.

«Qui aimerait commencer?» demande Barbie.

Annie et deux autres filles lèvent la main. Les trois filles portent chacune un plateau sur lequel se trouve une tasse en papier. Dans chaque tasse, il y a une petite plante.

«Notre projet montre que les plantes se tournent toujours vers la lumière en poussant», commence Annie. «Nous avons planté une graine de haricot dans chaque tasse. Puis nous avons mis les tasses à un endroit ensoleillé et avons arrosé la terre. Lorsque les plantes ont atteint quelques centimètres de hauteur, nous avons couché deux tasses sur le côté. Les plantes ont alors commencé à pousser autour du bord des tasses, vers le soleil!»

«Fantastique!» s'écrie Barbie. «Beau travail!»

Annie et son équipe répondent à des questions sur leur projet. Puis tout le monde applaudit.

«À qui le tour?» demande Barbie.

Marc lève la main. «Moi, moi, moi!» crie-t-il.

Barbie acquiesce. Marc s'avance, un sac en papier brun à la main.

«La plupart d'entre nous avons cinq sens: l'ouïe, la vue, l'odorat, le toucher et le goût», dit Marc. «Aujourd'hui, je vais vous parler du goût et de la manière dont il rend nos vies si, euh, savoureuses!»

Les élèves se mettent à rire. Marc sourit et continue.

«Tirez tous la langue, comme ça», leur dit-il. «Sur la langue, il y a des milliers de minuscules petites bosses appelées *papilles gustatives*. Chaque groupe de papilles permet de goûter quelque chose de différent.»

Marc met la main dans le sac en papier et en retire un sac en plastique plein de bonbons au chocolat et un grand sac rempli de rondelles de citron. «Je voudrais que chacun d'entre vous vienne prendre un bonbon et une rondelle de citron», poursuit-il.

«Nous allons découvrir quelles papilles sont les meilleures, celles qui permettent de goûter les aliments sucrés ou celles qui goûtent les aliments surs. Allez-y, mangez!»

Bientôt, toute la classe engouffre les bonbons au chocolat et recrache le citron. Les papilles qui goûtent les aliments sucrés gagnent haut la main.

«Très bien, retournez tous à votre place maintenant», demande Barbie.

Marc sourit à son enseignante. «Pas mal comme projet, n'est-ce pas? Comme j'ai distribué des bonbons, je parie que tout le monde va voter pour moi pour représenter la classe à la foire!»

Barbie ne peut s'empêcher de sourire.

À la fin de la semaine, tous les projets ont été présentés. L'équipe de Kara a expliqué comment les fruits pourrissent. Ils ont amené un peu de levure et montré comment elle fait moisir les bananes. L'équipe d'Emma a amené quelques grillons pour montrer comment ils chantent en se frottant les pattes.

Malheureusement, certains projets sont moins bien réussis. Sara a essayé d'expliquer l'effet des pluies acides sur les plantes. Mais elle ne se rendait pas compte qu'il faut des mois de pluies acides pour que les feuilles brunissent. Quand elle a versé son mélange sur les plantes, rien ne s'est produit. Daniel a tenté de prouver l'intelligence des chenilles en leur apprenant des tours. Mais les insectes ne faisaient que ramper sur le bureau de Barbie.

Le vendredi, c'est le tour de Maude.

«Bien Maude, parle-nous de ton projet», dit Barbie. Nerveuse, Maude s'avance en tenant à la main un bocal et une boîte en verre carrée.

Le bocal contient trois têtards. Maude met la main dans la boîte en verre et en sort Fred, sa grenouille.

«C'est dégoûtant!» s'exclament quelques élèves.

«Maude va attraper des verrues», murmure une autre élève.

Maude fronce les sourcils.

«Calmez-vous et écoutez Maude», dit Barbie.

«Voici Fred. C'est une grenouille du désert», commence-t-elle. «Elle n'est pas dégoûtante et elle ne donne pas de verrues.»

C'est alors que Fred lui échappe des mains.

«Aaaaah!» crie Sara.

«Attention!» hurle Daniel.

La grenouille saute par terre et se met à faire des bonds partout dans la classe.

«Oh non, s'écrie Maude, faites attention, ne lui marchez pas dessus!»

«Du calme, du calme, tout le monde», dit Barbie. «Reprenez vos places et restez tranquilles pendant que Maude essaie de récupérer notre petite invitée.»

Maude finit par coincer l'animal effrayé. «Viens Fred», dit-elle doucement. «Laisse-moi te remettre en lieu sûr.»

«Vas-y Maude», dit calmement Barbie. «Continue s'il-te-plaît.»

Cette fois-ci, Maude laisse Fred dans sa boîte. Elle se met à expliquer comment les têtards se transforment en grenouilles. Mais les élèves commencent à ne plus tenir en place, et Barbie doit tout le temps les calmer pour que Maude se fasse entendre.

La cloche sonne.

«Déjà!» s'écrie Barbie. «Surtout, n'oubliez pas! Lundi, nous voterons pour savoir quel projet sera présenté à la foire. Le seul travail que vous aurez à faire en fin de semaine, c'est de réfléchir au projet pour lequel vous allez voter.»

«Super!» s'exclament quelques élèves.

«À la semaine prochaine», dit Barbie tandis que les élèves prennent leur blouson.

«Je suis désolé pour ton projet, Maude», dit un des enfants.

«Oui, c'est dommage», ajoute un autre. «Mais tu sais, tu as raison. Les grenouilles ne sont pas dégoûtantes. En fait, elles sont assez étonnantes.»

Bientôt, tout le monde est parti. Maude reste là à son pupitre à contempler sa grenouille.

Barbie la regarde gentiment. «Je suis très fière de toi», lui dit-elle. «Ce n'était pas facile de continuer à parler bien que le projet soit...» Barbie réfléchit un instant.

«Raté?» dit Maude.

«Non», réplique Barbie. «Pas du tout. Les choses ne se sont simplement pas passées comme prévu. Souviens-toi que tu n'es pas la seule à qui c'est arrivé. Tu as fait de ton mieux et c'est ça qui est important.»

«Merci», dit Maude. «Je voulais seulement montrer aux élèves que les animaux sont fantastiques. Savez-vous que chaque animal est utile?» lui demande Maude.

«Oui, et je pense que les élèves qui ont pu t'entendre aujourd'hui, Maude, l'ont appris eux aussi», répond Barbie.

«Je l'espère», continue Maude.

«Quel que soit le projet qui sera présenté à la foire, ce qui compte, c'est que chaque élève apprenne quelque chose et essaye», affirme Barbie.

«Je pense que vous avez raison», conclut Maude. «À lundi!»

Pendant la fin de semaine, Barbie repense aux projets des enfants. Tous les projets étaient intéressants. Mais elle sait que ses élèves peuvent faire encore mieux.

Barbie fait un pique-nique avec Ken et lui parle de sa classe. «Je sens que nous pourrions faire beaucoup mieux pour la foire scientifique», lui dit-elle.

Ils contemplent ensemble un groupe d'oiseaux qui volent au-dessus d'eux en formant un V parfait.

«Tu dis toujours que dans la nature, tous les éléments vivent en harmonie», dit Ken. «Peut-être que tes élèves pourraient se servir de cette idée.»

«Tu as raison Ken», répond Barbie. «Au lieu de choisir un projet à présenter à la foire, nous pourrions réunir tous les projets pour en faire un seul.»

«Voilà, c'est réglé!» déclare Ken. «Et maintenant, si on attaquait ces sandwiches. Je meurs de faim!»

«Tu n'as que des bonnes idées», dit Barbie en riant.

Ils passent le reste de l'après-midi à se promener dans le parc. Barbie a très hâte de retourner en classe pour faire part de son idée à ses élèves!

Chapitre 4

Le lundi matin, Barbie accueille ses élèves avec un grand sourire. «Tous vos projets de la semaine dernière étaient très bons», leur dit-elle. «Toutefois, je pense que nous pourrions faire encore mieux. J'ai relu les règles du concours et j'ai découvert que nous pouvons préparer un seul projet pour toute la classe. J'ai donc pensé que nous pourrions nous servir de tous les projets pour faire un écosystème!»

Daniel lève la main. «C'est quoi ça?» demande-t-il.

«Un écosystème, explique Barbie, c'est un groupe de créatures vivantes et le milieu où elles vivent. Elles coexistent en harmonie. Cela signifie que chaque créature a sa raison d'être, mais qu'elle est aussi utile aux autres.»

Barbie fait un clin d'œil à Maude. Celle-ci lui sourit en retour.

«Nous pouvons créer notre propre écosystème dans la classe», ajoute Barbie. «Ensuite, nous observerons comment il grandit et se transforme.»

«Wow!» s'exclame Emma.

«Épatant!» renchérit Marc.

«Cela demandera beaucoup de travail d'équipe», précise Barbie. «Mais je sais que nous pouvons y arriver. Qu'en pensez-vous?»

«Oui!» répondent en chœur les élèves.

«Bien, regardons tous nos projets», dit Barbie.

Elle prend un morceau de craie. Puis elle écrit au tableau le nom de chaque projet. «Plantes,

grillons, grenouilles, moisissure, bonbons...»,
lit Barbie à haute voix.

Maude lève la main.

«Oui, Maude?» lui dit Barbie.

«Euh», dit Maude timidement. «Dans un de
vos livres, j'ai lu un chapitre sur les écosystèmes.
Tout ce qui se trouve sur la liste peut être mis dans
un terrarium.»

«Bonne idée!» s'exclame Barbie. «Un
terrarium ferait un mini-écosystème idéal. En fait,
je crois qu'il y a un aquarium vide dans l'armoire
de rangement de l'école.»

Trouver l'aquarium est un jeu d'enfant. Par
contre, arriver à ce que tout le monde travaille
ensemble est plus difficile. Les élèves ne sont pas
d'accord sur la manière d'organiser le terrarium ni
sur ce qu'ils doivent écrire dans le rapport.

«Puisque nous essayons de montrer comment
les créatures vivantes coexistent de façon
harmonieuse, rappelle Barbie à ses élèves, nous
devrions nous aussi essayer de vivre en harmonie.»

Avec l'aide de Barbie, les élèves se mettent bientôt à collaborer. À chaque fois qu'ils ne sont pas d'accord, ils en discutent. Puis ils votent pour décider de ce qu'ils feront ensuite. Tout le monde a du plaisir, et le projet avance aussi.

Chapitre 5

Le projet scientifique commence à prendre forme. Après de nombreuses discussions et une bonne planification, les élèves savent quoi faire. D'abord, ils mettent de la terre au fond de l'aquarium et ajoutent quelques plantes et des cailloux. Puis ils plantent des graines de haricot venant de l'équipe d'Annie. Ils ajoutent quelques chenilles de Daniel et des grillons du projet d'Emma. Ensuite, l'équipe de Kara met un peu de moisissure. Des éléments d'autres projets sont également ajoutés. Il ne reste plus que les bonbons de Marc.

«Qu'allons-nous faire?» demande Annie à Barbie. «On ne trouve pas de bonbons dans un environnement extérieur.»

Emma prend la parole. «Non, mais on trouve parfois des papiers de bonbons», dit-elle. «L'autre jour, mon père et moi, on en a vus en marchant dans les bois. Nous les avons ramassés par respect pour l'environnement.»

«Excellent!» répond Barbie. «Les papiers de bonbons serviront d'exemple de déchet.»

Marc rit. «Vous voyez! Je vous avais dit que mon projet était scientifique!»

Tout le monde éclate de rire, Maude y compris. Elle a beaucoup de plaisir à travailler sur le projet. Elle apprend des tas de choses aussi, et pas seulement en sciences. Elle fait connaissance avec ses camarades de classe. Elle découvre que plusieurs autres élèves partagent certains de ses intérêts. Chaque jour, Maude se sent un peu moins timide. Elle commence même à prendre la parole en classe.

Barbie est contente de voir que Maude change. Un après-midi, lorsque la cloche sonne, Barbie fait venir Maude à son bureau.

«Tu as l'air de te sentir plus à l'aise maintenant», dit-elle à Maude.

Maude sourit. «Oui, vous avez raison», répond la fillette. «Beaucoup d'enfants aiment les animaux comme moi. En parlant de quelque chose que j'aime, j'ai pu plus facilement me faire des amis. J'ai même été invitée à une fête d'anniversaire aujourd'hui.»

«Fantastique!» s'écrie Barbie avec un grand sourire.

«Pensez-vous que notre projet va remporter un prix à la foire?» demande Maude.

Barbie réfléchit un moment. «Chaque école du comté va participer au concours, explique-t-elle à Maude, mais je crois que nous avons de bonnes chances. Ce serait formidable de recevoir un trophée. Toutefois, la plus grande récompense, c'est d'avoir appris à travailler ensemble.»

Quelques jours plus tard, l'écosystème est enfin prêt. Tous les élèves en sont fiers. Le terrarium contient des plantes, des insectes, de la moisissure, un petit contenant d'eau, Fred la grenouille et même quelques papiers de bonbons. Il ressemble à un parc miniature!

«Vous avez bien travaillé les enfants!» les félicite Barbie. «Maintenant, il ne reste plus qu'une chose à faire. Nous devons choisir l'élève qui présentera le projet et répondra aux questions du jury. Chacun de vous va écrire le nom de la personne qui, à son avis, fera le meilleur travail. Puis vous mettrez votre bulletin de vote dans la boîte que je vais faire passer.»

Quand tous ont voté, Sara rapporte la boîte à Barbie. Barbie sort les morceaux de papier. Elle les trie, les met en tas et compte chacun d'eux.

«L'élève qui nous représentera est... Maude!» déclare Barbie à haute voix.

Tout le monde applaudit bruyamment. Maude rougit de surprise.

«Merci», dit Maude. «Je vous promets que je ferai de mon mieux!»

Après la classe, Maude parle de la foire avec Barbie.

«Es-tu excitée?» lui demande Barbie.

«Oui, et un peu nerveuse», répond Maude. «Mais j'étais encore plus nerveuse le premier jour où je suis arrivée ici!»

«Beaucoup de choses se sont passées depuis», lui rappelle Barbie.

Maude acquiesce et sourit. «Vous avez raison», dit-elle. «Je me demandais si vous pourriez écrire quelques questions que le jury va peut-être me poser. Comme ça, je pourrais m'exercer à y répondre.»

«C'est une bonne idée», dit Barbie. «Nous pouvons commencer à en parler lundi.»

«Super!» répond Maude. «À lundi!»

Toute la semaine suivante, Maude s'exerce à répondre à des questions devant tous les élèves. Après un tel entraînement et avec l'aide des autres élèves, Maude se sent prête pour la présentation. En fait, elle a vraiment hâte d'y être.

Chapitre 6

Le grand jour arrive enfin. Barbie et sa classe prennent un autobus scolaire pour se rendre à la foire scientifique.

Barbie et Maude sont assises à l'avant pour surveiller le terrarium. Barbie dit à Maude : «Nous ne voulons surtout pas risquer qu'il se renverse. Tiens-le bien!»

«Vous pouvez compter sur moi», réplique Maude.

La foire se tient au centre communautaire. L'autobus se gare dans le parc de stationnement.

«Voilà, nous y sommes!» annonce Barbie.

Maude et elle font bien attention en sortant le terrarium de l'autobus. Puis elles se fraient un chemin dans la foule. Le centre communautaire est rempli d'enseignants, d'élèves, de parents et de journalistes. Finalement, Barbie et ses élèves réussissent à se rendre à la table qui leur est réservée.

«Doucement», dit Barbie en plaçant le terrarium sur la table.

Les projets de cinquième année ne vont pas être présentés au jury avant l'après-midi. Barbie et ses élèves passent donc la matinée à regarder tous les autres projets.

La foire a de nombreux kiosques. Il y a des élevages de fourmis et des incubateurs remplis de poussins duveteux. Ils voient un système solaire fait de balles de tennis pivotant sur elles-mêmes en décrivant des cercles. Un squelette en plastique fait sursauter Emma.

«Eh, venez voir!» crie Marc. Il montre un courant électrique qui passe entre deux pommes de terre. «C'est un élève de troisième année qui a fait ça!» s'exclame-t-il.

«Certains projets sont vraiment bien réussis», remarque Maude d'un air soucieux. «Ça va être dur.»

«Oui, ils ont l'air réussi», dit Barbie. «Mais il n'y a pas que l'apparence qui compte. Les questions du jury sont importantes aussi. Les élèves qui présentent les projets doivent savoir de quoi ils parlent.»

«Vous avez sans doute raison», répond Maude.

«En plus, ajoute Barbie, notre écosystème est fantastique et je sais que tu vas bien répondre aux questions du jury. Je ne me fais absolument aucun souci.»

«Oh, moi non plus», s'empresse de dire Maude. Puis elle marque une pause. «Enfin, presque pas.»

C'est enfin le tour de la présentation des projets des élèves de cinquième année. Barbie contemple le terrarium pour la centième fois. Daniel et Sara aident Maude à s'exercer à répondre aux questions. Peu à peu, tous ses camarades commencent à se rassembler autour de la table pour regarder.

«Voici le jury», dit Barbie tandis qu'un groupe de personnes s'avance vers leur table.

Maude sent sa gorge se serrer et essuie ses mains moites sur sa robe. Barbie lui tapote l'épaule. «Tout ira bien», la rassure-t-elle.

«Bonjour», commence Maude en souriant aux membres du jury. «Nous sommes des élèves de cinquième année et nous venons de l'école élémentaire Des Montagnes. Aujourd'hui, j'aimerais vous expliquer comment fonctionne l'écosystème de notre terrarium.»

Un membre du jury sourit. Maude sourit en retour et se sent un peu plus détendue.

«Nous avons créé nous-mêmes un écosystème qui contient de l'eau, de l'air, des plantes et d'autres créatures vivantes. Une fois

ÉCOLE ÉLÉMENTAIRE
DES MONTAGNES

réunies, toutes ces choses ont un effet les unes sur les autres. L'eau, par exemple, aide les plantes à grandir, et les insectes mangent les plantes.»

Tandis que Maude parle de l'écosytème, Barbie observe les membres du jury. Elle peut voir à leurs visages que Maude se débrouille bien.

Le moment est venu pour le jury de poser des questions. Les camarades de Maude retiennent leur souffle tandis que celle-ci répond calmement et clairement à chaque question. Puis elle invite les membres du jury à venir voir le terrarium de plus près.

«Très intéressant», dit l'un d'eux.

Un autre demande: «Ainsi, chaque chose qui se trouve à l'intérieur dépend des autres qui y sont?»

«Oui», dit Maude. «C'est un excellent exemple de collaboration. En fait, c'est vrai pour les gens aussi. Ce projet est le résultat des efforts d'un groupe.»

Ses camarades rayonnent de fierté.

Le juge sourit. «C'est le meilleur moyen d'accomplir quelque chose.»

La présentation est enfin terminée. À présent, tous les élèves peuvent se relaxer et attendre les résultats.

«Ouf!» dit Maude, soulagée. «Pensez-vous que ça leur a plu?»

«Je pense qu'ils ont ADORÉ ça!» répond Barbie. «Et vous, qu'est-ce que vous en pensez?»

Les autres élèves applaudissent chaudement Maude. Ils lui disent tous qu'elle a fait un excellent travail. Barbie est ravie.

Chapitre 7

Le moment est enfin arrivé de remettre les prix pour les projets des élèves de cinquième année. Le jury commence par attribuer le prix pour la troisième place. Barbie et les élèves de sa classe sont nerveux. Plus que deux prix!

«Le deuxième prix va à... , annonce le juge, la classe de cinquième année de l'école élémentaire Des Montagnes!»

Barbie et ses élèves sautent de joie. Leur projet a remporté un prix! Les membres du jury s'approchent et placent un trophée étincelant juste devant le terrarium.

«Félicitations à tous», dit Barbie. «Je suis vraiment fière de votre travail. Attendez que Mme Gauthier l'apprenne. Elle va être si fière de vous!»

Lorsqu'ils regagnent l'école, Mme Gauthier place le trophée dans la vitrine près de son bureau. Le lendemain, elle commande de la crème glacée pour que toute l'école puisse fêter l'événement. Dans la classe de Barbie, il y a même une bannière sur laquelle on peut lire «Félicitations».

Alors que les élèves de Barbie mangent leur crème glacée, la directrice entre dans la classe, tenant à la main le journal local.

«Regardez», dit la directrice. «Il y a une photo de vous dans le journal!»

Tous les élèves accourent. C'est bien vrai, on peut voir la classe de Barbie se tenant debout près du trophée avec le jury.

Barbie lit l'article à haute voix. Le nom de chaque élève y est mentionné.

«Wow!» s'écrie Kara. «Nous sommes célèbres!»

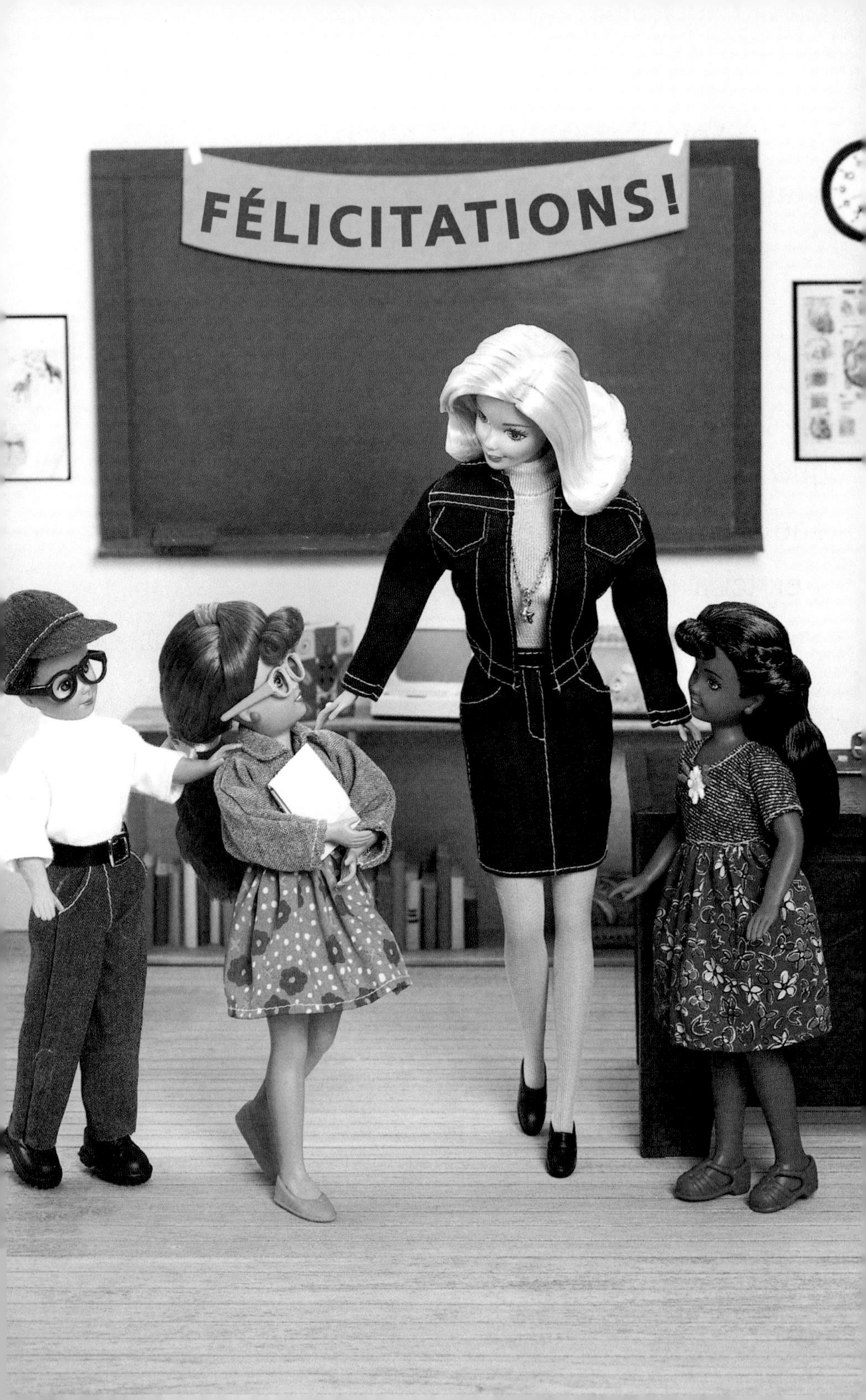
FÉLICITATIONS!

«Vous l'avez tous bien mérité», leur dit Barbie. «Vous avez fait un excellent travail.»

«Maintenant que la foire est terminée, qu'est-ce que nous allons faire pendant le reste de l'année?» l'interroge Annie.

Barbie sourit. «Je me suis posée la même question», dit-elle. «Puisque notre terrarium est une belle réussite, ce serait vraiment dommage de s'en tenir là.»

«Qu'est-ce que vous voulez dire?» demande Marc.

«Eh bien, hier, en rentrant chez moi, j'ai eu une idée», explique Barbie. «Nous ne voulons pas oublier tout ce que nous avons appris, n'est-ce-pas? Alors pourquoi ne pas poursuivre notre projet et essayer de protéger l'environnement? Nous pourrions parler de l'écosystème à d'autres élèves. Puis nous pourrions leur montrer ce qu'ils peuvent faire pour l'écosystème là où ils habitent.»

«Vous voulez parler du recyclage, par exemple?» s'enquiert Kara.

«Exactement», dit Barbie. «À chaque réunion, nous pouvons parler des nombreux problèmes environnementaux. Nous trouverons différentes façons d'améliorer l'écosystème ici, à Des Montagnes.»

«Je voudrais nettoyer ce ruisseau dans le parc», dit Daniel. «Mon père y pêchait autrefois. J'aimerais moi aussi y pêcher un jour.»

«Je pense que nous pourrions commencer un jardin potager communautaire», déclare Annie. «Nous pourrions ensuite donner les légumes à une œuvre de bienfaisance.»

«Voilà des idées épatantes», répond Barbie.

Maude est si occupée à écrire qu'elle n'a pas dit un seul mot.

«Qu'en penses-tu Maude?» demande Barbie.

«Je pense que nous devrions noter toutes ces idées», dit-elle en souriant. «Nous pourrions ensuite préparer un bulletin pour raconter ce que nous faisons à tous les habitants de la ville.»

«C'est ça!» réplique Barbie.

«Nous aurons beaucoup de travail», continue Maude. «Mais je pense que ce sera amusant. Nous aurons besoin de gens pour écrire les articles, pour faire des photocopies, pour plier les bulletins et pour les livrer.»

Barbie se met à rire. «J'ai l'impression, les amis, que notre écosystème va déborder de vie!»